Fy Llyfr Englynion

Ⓗ Mererid Hopwood / Cyhoeddiadau Barddas
Hawlfraint y cerddi: Ⓗ y beirdd ©
Hawlfraint y darluniau: Ⓗ Alice Samuel ©

Argraffiad cyntaf: 2020
ISBN 978-1-911584-32-2

Cyhoeddwyd gan Gyhoeddiadau Barddas
www.barddas.cymru

Cyhoeddir gyda chymorth ariannol Cyngor Llyfrau Cymru

Argraffwyd gan Wasg Gomer, Llandysul
⋯⋯⋯ ⋯d gan Olwen Fowler

Fy Llyfr Englynion

Golygwyd gan
Mererid Hopwood

Darluniau gan Alice Samuel

beirdd bach
UWCH BEIRDD Y BYD

I Aneirin, Brynmor a Non gyda chariad.

I Alaw Mai Edwards a golygyddion
y Cyngor Llyfrau gyda diolch.

Englyn 'Fy Llyfr Englynion'

Mererid Hopwood

Yma mae hawl crwydro ymhell – â'n llyfr
mewn llaw, ac o'n stafell
down i weld y byd yn well
drwy'r lluniau pedair llinell.

Gair o Gyflwyniad ...

Dyma lyfr o englynion i ti gael eu darllen (eu darllen yn uchel sy' orau), eu mwynhau a'u dysgu ar dy gof.

Ond beth yw englyn?

Cwestiwn da! Oherwydd, er bod yr englyn yn rhywbeth arbennig iawn i ni'r Cymry ac wedi bod yn rhan o'n hanes ers cyn co', nid pawb yng Nghymru sydd wedi clywed amdano. Bydd y llyfr hwn, gobeithio, yn help i ddod â'r hen, hen draddodiad i dy glustiau di a'th ffrindiau, a thrwy hynny, yn help i wneud yn siŵr bod pob math o englynion newydd yn cael eu creu yn y dyfodol.

Pennill byr yw englyn, weithiau'n cynnwys tair llinell ond fel arfer yn cynnwys pedair. Yn y llyfr hwn, mae'r englynion i gyd yn cynnwys pedair llinell.

Mae rhai o'r englynion yn y llyfr hwn yn hen, hen, hen, a rhai eraill yn newydd sbon. Ond er y gwahaniaeth rhyngddyn nhw, dyma saith peth sy'n wir am bob un:

Yn gyntaf, fel soniwyd yn barod, mae gan bob un bedair llinell.

Yn ail, mae pob llinell o fewn yr englyn yn gorffen ar yr un odl.

Yn drydydd, mae rhywbeth rhyfedd am y llinell gyntaf, oherwydd mae'n gorffen cyn y diwedd! Weithiau mae'r bardd yn rhoi '-' fach i ddangos lle mae'n gorffen, a weithiau ddim. Ond mae'n hawdd gwybod lle mae'n gorffen oherwydd yn y fan honno mae'r odl. Mae'r darn ar ôl yr odl, mewn ffordd, yn perthyn i'r ail linell. Rhyfedd!

Yn bedwerydd, mae 30 sillaf ym mhob englyn, wedi eu rhannu fel hyn:

$$10 + 6 + 7 + 7 = 30 \text{ sillaf}$$

Yn bumed, maen nhw i gyd yn cynnwys y Gynghanedd.

A! Beth yw Cynghanedd? Unwaith eto, dyma rywbeth sy'n unigryw i ni'r Cymry. Mae'n ffordd arbennig o drefnu geiriau sy'n creu rhyw fath o fiwsig â'i gilydd, neu, mewn geiriau eraill, sy'n swnio'n dda ochr yn ochr â'i gilydd. Efallai fod y cytseiniaid (llythrennau fel **b, c, d, p**) i gyd yn cyfateb, neu efallai fod odl y tu mewn i'r llinell yn ogystal ag ar y diwedd, neu efallai fod y llafariaid (**a, e, i, o, u, w, y**) yn creu patrwm arbennig. Yn gryno: mae'r Gynghanedd yn hen, hen set o reolau sy'n helpu beirdd i greu llinellau cofiadwy.

Yn chweched, mae'n werth dweud englyn mas yn uchel.

Yn seithfed, paid â phoeni os nad wyt ti'n deall pob gair ym mhob llinell. Ceisia wrando ar sŵn y geiriau ac edrycha ar y lluniau, a gad i'th ddychymyg dy hunan greu lluniau eraill wrth i ti glywed y gerdd yn llifo.

Peth arbennig am lyfr fel hwn yw nad oes rhaid dechrau yn y dechrau a darllen pob tudalen. Gelli agor y llyfr yn unrhyw le a darllen un dudalen yn unig os hoffet ti. Ond ar ôl i ti ddarllen y cyfan, tybed pa un fydd dy ffefryn? Pa un fydd y cyntaf i ti ei roi ar dy gof? A thybed beth fydd yn yr englyn cyntaf i ti ei greu?

Mwynha'r darllen, y dweud, y cofio ... a'r creu!

(Gyda llaw, mae geirfa ar y dudalen a nodiadau yn y cefn i'th helpu.)

Cynnwys

Afal

John Glyn Jones

Ddiwedd yr ha', sylwodd rhywun – ar hwn,
drwy ryw hap, nad esgyn
wnâi o'i ysgwyd, ond disgyn,
a newid holl fywyd dyn.

rhywun:	sef gwyddonydd o'r enw Isaac Newton
drwy ryw hap:	ar ddamwain
esgyn:	codi

Blodau'r Grug

Eifion Wyn

Tlws eu tw', liaws tawel, – gemau teg
gwmwd haul ac awel;
crog glychau'r creigle uchel,
fflur y main, ffiolau'r mêl.

tw':	twf, tyfiant
lliaws:	llu, tyrfa
gemau:	cerrig gwerthfawr fel emrallt neu ddiemwnt
cwmwd:	rhan o wlad
crog:	yn crogi, hongian
creigle:	craig neu fan caregog
fflur:	blodau
main:	gair arall am 'meini', cerrig mawr
ffiolau (ffiol):	siwg neu ddysgl i ddal hylif

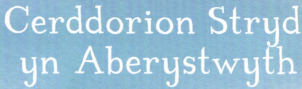

Cerddorion Stryd yn Aberystwyth

Dafydd John Pritchard

Pwy yw'r rhain o wlad Periw - a'u nodau
hyd ein strydoedd heddiw
yn siolau a lleisiau lliw
am ryw eiliad amryliw?

amryliw: lliwgar

15

Cwestiwn

Dic Jones

Lle bo deall yn pallu, - hyfrydwch
chwilfrydedd yw mynnu
rhoi mewn dot a chryman du
y broblem i barablu.

pallu:	methu, dod i stop
chwilfrydedd:	eisiau gwybod rhywbeth
cryman:	offer fferm sydd â'r un siâp â chwestiwn ond heb y dot (?)
parablu:	siarad

Cysgod

Karen Owen

Yn haul y pnawn, ni welaf – ei hyd ef
na'i dwyll, am na fynnaf;
ond yno'n cuddio, fe'i caf
yn yr hwyr ar ei hiraf.

twyll:	math o gelwydd
am na fynnaf:	oherwydd nad wyf i eisiau

Dewis

Ceri Wyn Jones

Un bore haf gaeafol – a dau dîm
yn dwt wedi'u dethol,
ar asgell caeau'r ysgol
mewn rhes y mae un ar ôl.

dethol:	dewis
asgell:	ochr

Dim

Gwydderig

Hen hosan a'i choes yn eisie, - ei brig
heb erioed ei ddechre,
a'i throed heb bwyth o'r ede -
hynny yw dim, onid e?

brig:	y pen, y darn top
pwyth:	pan fyddwch chi'n gwau neu'n gwnïo rydych chi'n gwneud pwythau
ede:	edafedd, y gwlân ar gyfer gwau

Dinas Dinlle

Gerallt Lloyd Owen

Ym min nos mae hanesion i'w clywed
nas clywir gan estron;
yn Gymraeg y mae'r eigion
yn eu dweud o don i don.

estron:	rhywun dieithr
eigion:	hen air am y môr

Dyn Eira

Tudur Dylan Jones

Nid myfi fu'n ei frifo, ond eiliad
o haul fu'n disgleirio,
a rywfodd fe waedodd o
i'r pen, bob drop ohono.

Daeth hindda i'r eira hwyrol i'w loywi
a'i ddileu yn hollol,
ond trwy'r nos yn arhosol
roedd yn yr ardd wyn ar ôl.

rhywfodd:	rhywsut
hindda:	tywydd braf
gloywi:	sgleinio
dileu:	cael gwared ar
arhosol:	yn aros neu'n parhau

Heddiw daeth salwch iddo, yn araf
daeth tymheredd arno,
ac o dan ei lygad o
yr haul sy'n dechrau wylo.

Englyn Pos

Dafydd Whittall

Unwaith y daw mewn saith dydd – a daw mis
â dim un, heb gelwydd;
yn fyr, dwy mewn blwyddyn fydd; –
trïwch fynd ar y trywydd.

Wyt ti'n gwybod beth yw'r ateb?

trïwch:	ceisiwch
trywydd:	llwybr

Eira

John Glyn Jones

Un bluen wen hamddenol – yn ysgafn
ddisgyn yn ysbeidiol
a wna i ni droi yn ôl,
wna esgus i gau'r ysgol.

hamddenol:	yn araf bach a heb frys
ysbeidiol:	bob nawr ac yn y man, ddim yn gyson

Ffôn

Elin Meek

Mae'r ffôn yn cyson wreichioni – a'i sgrech
a'i sgrin yn dy enwi;
ac wedyn rwy'n ei godi
i weld dy wên dawel di.

gwreichioni: fflachio

Gras Wrth Fwrdd Bwyd

W. D. Williams

O Dad, yn deulu dedwydd – y deuwn
â diolch o'r newydd,
cans o'th law y daw bob dydd
ein lluniaeth a'n llawenydd.

dedwydd:	hapus, bodlon
cans:	oherwydd, achos
lluniaeth:	bwyd

Llys Ifor Hael

Ieuan Brydydd Hir

Llys Ifor Hael, gwael yw'r gwedd, – yn garnau
mewn gwerni mae'n gorwedd,
drain ac ysgall mall a'i medd,
mieri lle bu mawredd.

gwedd:	golwg
yn garnau:	yn bentyrrau o gerrig
gwerni:	corsydd, lle gwlyb
ysgall:	math o blanhigyn pigog
mall:	dinistriol
medd:	perchen, meddiannu
mieri:	llwyni pigog y mwyar duon
mawredd:	yr ansawdd o fod yn fawr neu'n wych iawn

Nyth

Roger Jones

Ni fu saer na'i fesuriad – yn rhoi graen
ar ei grefft a'i drwsiad,
dim ond adar mewn cariad
yn gwneud tŷ heb ganiatâd.

saer:	rhywun sy'n gwneud gwaith coed
rhoi graen:	gorffen rhywbeth yn dda, sgleinio
trwsiad:	ymddangosiad, cyflwr

Pont Menai

Dewi Wyn o Eifion

Uchelgaer uwch y weilgi, – gyr y byd
ei gerbydau drosti;
chwithau, holl longau y lli,
ewch o dan ei chadwyni.

uchelgaer:	caer uchel
(g)weilgi:	hen air am y môr
gyr y byd:	ffordd arall o ddweud 'mae'r byd yn gyrru'
lli:	dŵr sy'n symud, y môr

41

Pridd

Philippa Gibson

Yn y pridd mae'r ffatri'n parhau i greu
ac i roi o'i nwyddau.
Di-baid yw'r gwaith ond weithiau
caf ofn rhag ofn iddi gau.

nwyddau: pethau i'w gwerthu
di-baid: heb stop

Y Ci Defaid

Thomas Richards

Rhwydd gamwr hawdd ei gymell – i'r mynydd
a'r mannau anghysbell,
hel a didol diadell
yw camp hwn yn y cwm pell.

rhwydd gamwr:	un sy'n camu'n rhwydd
hawdd ei gymell:	hawdd ei berswadio
anghysbell:	anodd ei gyrraedd ac ymhell o'r ffordd fawr
didol:	gwahanu, gosod mewn grwpiau, casglu at ei gilydd
diadell:	praidd o ddefaid
camp:	gallu neu sgil arbennig

Y Gorwel

Dewi Emrys

Wele rith fel ymyl rhod – o'n cwmpas,
campwaith dewin hynod,
hen linell bell nad yw'n bod,
hen derfyn nad yw'n darfod.

rhith:	rhywbeth nad yw'n bod 'go iawn'
rhod:	olwyn
terfyn:	y pen draw, y diwedd
darfod:	dod i ben, gorffen

47

Y Gwely

Mererid Hopwood

Cyn daw'r wawr i doddi'r eira – cyn dod
cân y dydd cynhara',
fy mreuddwyd dlos, arhosa
gyda fi'n stori nos da.

gwawr:	dyma'r adeg pan mae'r haul yn ymddangos wedi'r nos
tlos:	tlws, hardd

Y Pry Cop

Gerallt Lloyd Owen

Ei we mor fain â'r awel – ond er hyn
mae ei droed yn ddiogel,
a'i gampau ar furiau fel
Tensing ar reffyn tinsel.

main:	tenau
muriau:	waliau
Tensing:	dringwr enwog
rheffyn:	rhaff fach

Nodiadau

Afal

Dyma englyn sy'n dweud hanes y gwyddonydd Isaac Newton yn eistedd o dan y goeden afalau yn yr ardd yn ei goleg yng Nghaergrawnt. Pan ddisgynnodd yr afal ar ei ben, sylweddolodd fod rhywbeth anweledig wedi tynnu'r afal tuag at y llawr. Doedd neb wedi sylwi ar hynny erioed o'r blaen. A dyna oedd y tro cyntaf i ni glywed am rym disgyrchiant. Anhygoel!

Blodau'r Grug

Englyn sy'n disgrifio blodau porffor bychain ar graig uchel yw hwn. Mae llawer o eiriau hen ffasiwn ynddo, ond maen nhw'n flasus iawn ar dafod. Sylwa ar sut mae'r cytseiniaid yn siarad â'i gilydd o fewn y llinellau. Er enghraifft, edrych ar y **c** a'r **r** a'r **g** a'r **l** a'r **ch** yn atseinio drwy linell 3.

Cerddorion Stryd yn Aberystwyth

Wyt ti'n gwybod ymhle mae Periw? Wyt ti erioed wedi gweld a chlywed cerddorion o wlad Periw yn canu ar y stryd? Maen nhw'n aml yn gwisgo dillad fel clogynnau neu siolau lliwgar.

Cwestiwn

Mae'r englyn yma'n disgrifio'n union beth yw cwestiwn. Wrth i ni ofyn cwestiwn mae'n golygu ein bod ni eisiau gwybod rhywbeth - dyna beth yw chwilfrydedd. Pan nad ydyn ni'n deall rhywbeth, mae hynny'n gallu achosi problem, ond yn ôl yr englyn yma mae'r cwestiwn yn gadael i'r broblem 'siarad' (gair arall am 'siarad' yw 'parablu'). Math o offer fferm yw cryman a oedd yn arfer cael ei ddefnyddio i dorri gwair a thyfiant uchel. Mae yr un siâp â marc cwestiwn.

Cysgod

Pan fydd yr haul yn union uwch ein pen am hanner dydd, does dim sôn am ein cysgod ni, ond wedyn mae'n dechrau tyfu'n araf bach nes ei fod, ar ddiwedd y dydd cyn i'r haul fachlud, yn hir iawn – yn hirach na ni! Mae'r bardd yn gweld bod y cysgod yn twyllo, mae'n siŵr, am ei fod weithiau'n hirach na ni, a wethiau'n fyrrach na ni. Ond wyt ti'n meddwl mai cysgod 'go iawn' yw'r cysgod yn yr englyn yma? Efallai mai rhywbeth sy'n poeni'r bardd yw'r cysgod? Weithiau mae pethau sy'n ein poeni ni yn ymddangos yn fwy o broblem pan fydd hi'n dechrau nosi.

Dewis

Pan oeddwn i yn yr ysgol, doeddwn i ddim yn dda iawn am chwarae pêl-rwyd, a phan fyddai hi'n amser trefnu timoedd roeddwn i'n gwybod y bydden i'n siŵr o fod yr olaf i gael ei dewis. Dyma'r profiad mae'r bardd yn ei ddisgrifio yn yr englyn yma. Mae'r geiriau 'haf gaeafol' yn awgrymu, er ei bod hi'n ddiwrnod braf, ei bod hi'n teimlo fel diwrnod diflas iawn i'r un bach sydd ar ôl heb ei ddewis.

Dim

Wyt ti erioed wedi ceisio esbonio wrth rywun arall beth yw 'dim'? Mae'r englyn yma'n disgrifio hosan sydd heb goes, heb ben iddi, a heb droed … mae hynny'n go agos at fod yn ddim!

Dinas Dinlle

Min nos yw'r oriau pan fo'r dydd yn dechrau troi'n nos. Yn yr englyn yma mae'r bardd yn dychmygu bod ar draeth Dinas Dinlle ger Caernarfon, lle mae olion

hen gaer o Oes yr Haearn sy'n gysylltiedig â chwedlau'r Mabinogi. Mae popeth yn dawel o'i gwmpas a dim ond sŵn tonnau'r môr sydd i'w glywed. Yn nychymyg y bardd, mae'r tonnau'n siarad Cymraeg.

Dyn Eira

Mae'r englynion yma'n disgrifio dyn eira yn dechrau diflannu wrth i'r haul wenu. Alli di weld y berfau 'brifo', 'gwaedu' ac 'wylo', a'r enwau 'salwch' a 'tymheredd'? Mae'r rhain i gyd yn gysylltiedig â theimlo'n sâl.

Englyn Pos

Wyt ti'n gallu datrys y pos yma? Cliw ... mae'n ateb un llythyren!

Eira

Wyt ti erioed wedi cael y profiad o ddeffro ac edrych allan drwy'r ffenest a gweld ei bod hi wedi bwrw cymaint o eira nes bod yr ysgol wedi'i chau? Mae'n rhaid i lawer iawn o eira syrthio cyn i hynny ddigwydd! Ond O! Mae'n gallu bod yn brofiad braf. Yn yr englyn yma mae'r bardd yn awgrymu bod ysgolion yn cau dim ond ar ôl gweld un bluen fach o eira'n disgyn. Twt! Twt!

Ffôn

Oes gen ti ffôn symudol? Mae'r englyn yma'n disgrifio dau beth sy'n wahanol iawn i'w gilydd. Mae'n dechrau drwy ddisgrifio'r ffôn yn canu fel 'sgrech'; ond wedyn mae'n disgrifio'r llun sydd ar sgrin y ffôn, ac mae hwnnw'n gwbl dawel. Mae'r gwahaniaeth rhwng y ddau beth yn drawiadol.

Gras Wrth Fwrdd Bwyd

Mae hwn yn englyn adnabyddus iawn ac wedi cael ei ysgrifennu flynyddoedd yn ôl. Efallai dy fod di'n dweud hwn yn yr ysgol cyn cinio?

Llys Ifor Hael

Ganed Ifor Hael tua 1320. Roedd yn uchelwr, yn ddyn pwysig a chyfoethog ac yn byw mewn llys hardd lle'r oedd yn croesawu beirdd a cherddorion. Ond pan aeth y bardd Ieuan Brydydd Hir i weld y llys bedwar can mlynedd yn ddiweddarach, roedd y cwbl yn adfeilion. Mae'r adfeilion i'w gweld hyd heddiw yn agos i le o'r enw Gwern y Clepa, Basaleg, ar bwys Casnewydd.

Nyth

Os byddi di ryw ddiwrnod yn ceisio mynd ati i godi tŷ, bydd rhaid i ti gael pob math o help. Yn y lle cyntaf, bydd rhaid cael caniatâd gan y Cyngor Sir, wedyn bydd angen penseiri, adeiladwyr, trydanwyr, seiri ac yn y blaen. Yn yr englyn yma, mae'r bardd yn sylwi ar ddau aderyn bach yn gwneud nyth. Dydyn nhw ddim yn dibynnu ar yr un math o bethau â ni i wneud eu tŷ bach nhw.

Pont Menai

Mae'r englyn yma'n un o'n rhai enwocaf. Mae'n disgrifio'r bont sy'n croesi o ardal Bangor i Ynys Môn. Mae siâp y bont a'r cadwyni sy'n mynd o un tŵr i'r nesaf yn gwneud i'r bardd ei gweld hi'n debyg i gastell neu gaer, a honno'n uchel uwchben y dŵr.

Pridd

Yn yr englyn yma mae'r bardd yn dychmygu'r pridd fel ffatri lle mae pob math o weithwyr yn brysur wrthi'n creu. Pryfed, gwreiddiau, hadau a mwynau yw'r 'gweithwyr' hyn, siŵr o fod. Ond yn y llinell olaf mae'r bardd yn poeni bod y ffatri arbennig hon yn mynd i gau. Wyt ti'n gallu dyfalu pam?

Y Ci Defaid

Dyma englyn enwog iawn am gi defaid da sy'n gwybod yn iawn beth i'w wneud wrth hel praidd o ddefaid. Fel gyda'r englyn 'Blodau'r Grug' ar dudalen 12 mae llawer o'r geiriau'n hen ffasiwn. Ond mae'n werth dweud yr englyn yn uchel a mwynhau sŵn y geiriau.

Y Gorwel

Dyma englyn enwog arall! Mae'r englyn yma'n disgrifio'r gorwel, sef y llinell rhwng yr awyr a'r ddaear neu'r awyr a'r môr yn y man pellaf y gall dy lygaid ei weld. Yr hyn sy'n arbennig am y gorwel yw ei fod yn symud o hyd ... does dim posib i neb byth gyrraedd y gorwel.

Y Gwely

Wyt ti'n mwynhau breuddwydio? Wyt ti weithiau eisiau aros yn y gwely am awr fach arall i gael gorffen y stori sy'n digwydd yn dy freuddwyd?

Y Pry Cop

Mae'r englyn yma yn edrych ar bry copyn bach yn gwneud ei we ac wedi sylwi ei fod yn creu llinyn main, main. Eto i gyd, mae'n gweld sut y mae'r pry cop yn gallu dringo ymhell ar y llinyn tenau. Yn y llinell olaf, mae'r bardd yn gweld y pry cop fel Tensing a'r we fel darn o dinsel Nadolig! Tensing, neu Tenzing fel mae rhai'n ei sillafu, oedd un o'r bobl gyntaf i ddringo i ben mynydd Sagarmatha. Enw arall ar y mynydd hwn yw Chomolungma, ond mae rhai'n ei alw'n Everest.